AF290569

Mesut Şenol

Hauchzarte Fantasie
Kağıt İnceliğinde Düş

Gedichte – Şiirler

Übersetzung aus dem Englischen
Gino Leineweber

VERLAG EXPEDITIONEN

Bibliografische Information der Deutschen
Nationalbibliothek:
Die Deutsche Nationalbibliothek verzeichnet diese
Publikation in der Deutschen Nationalbibliografie;
detaillierte bibliografische Daten sind im Internet über
http://dnb.dnb.de abrufbar.

© LIT Verlag Expeditionen GmbH
Mesut Şenol
HAUCHZARTE FANTASIE
Aus dem Englischen übersetzt von
Gino Leineweber
1. Auflage 2018
Erstausgabe in der Türkei unter dem Titel
AŞKIN DİLİ - THE TONGUE OF LOVE
erschienen bei Artshop Publishing House, 2016
Coverfoto: Gino Leineweber
Covergestaltung: Birgitta Sjöblom
Printed in Germany

ISBN: 978-3-943863-81-9

Poetry comes nearer
to vital truth than history
Plato

INHALT

İÇERİK

GEDICHTE IN DEUTSCHER ÜBERSETZUNG

WILDBLÜTE

Im sanften Hauch der Gräser
Am Morgen und am Abend
Beginne ich weiß-blühend
Im sprühenden Niesel

Kiesel und erdiger Boden
Umspielen mich berührungslos
Im Sonnenwasser gewaschen
Verblasst mein Antlitz nicht

Über mir Vögel
Schmetterlinge um mich herum
Meine Blätter färben sich
Grün vor lauter Glück

Der Sinn meines Lebens
Wird von Liebe ernährt
Beim Berühren meiner Blätter
Fühle ich mich gefangen

IM MORGENTAU

Für Maria und Hava

Im Morgen wird Poesie von Tau benetzt
Er segnet und verstärkt die schönen Worte
Der unerklärbaren Sprache der Zeit und
Der Himmel öffnet der Menschheit die Tür

Der Zauber zarter Herzen benennt eine
   Liebesgeschichte
Am oberen Teil hat das Firmament die Tafel
   gedreht
Verzweigt sich direkt zum außergewöhnlichen
   Leben und
Die übernatürlichen Melodien spielen eine
   Wintersymphonie

Im Morgen benetzt Tau die Köpfe der Paare
Die in Wüsten so viele Luftspiegelungen sehen
Die mütterlich faszinierende Dimensionen
   überqueren und
Es scheint der Morgentau verändert die Welt

HÜTTENLEBEN

Eine Brise weht sich einen Weg zu
    gespenstischer Resonanz
Die Vögel zwitschern und besingen eine
    mystische Melodie
Die Blätter der Bäume sprechen miteinander
    in purer Poesie
Heidnische Schatten der Stimmungen
    schweben irgendwo in der Luft
Menschliche Seelen hören magische Melodien
    aus der Ewigkeit
Göttliche Dekrete verordnen Liebe ohne
    Rücksicht auf menschliche Wut
Gefühle können auf Instrumenten spielen, die
    noch nicht erfunden sind

Geheime Täler laden uns zu ihren
    Zeremonien ein bei denen wir
Das stürmische Toben des alten todlosen
    Jahrhunderts atmen
Ancas Vögel sind gekommen um die alte
    Geschichte zu erzählen
Deren mythische Figuren mitunter in
    Luftspiegelungen zu sehen sind
Alle Traurigkeit und Hektik des Lebens kannst
    du abladen
Auf dem einzigen Weg dem Schmerz
    tröstend zu begegnen
Es heißt immer erst aufzuhören um
    weiterzumachen ...

MEINE KÄTZCHEN

Wie ein weicher Ball sitzt es da und schaut
  mich an
Sucht mit seinen glänzenden Augen in der
  Dunkelheit
Nach einer Gelegenheit zum Kuscheln
Entwirft Pläne für den geschicktesten Weg

Sein seidenes Aussehen oder ist es echte Seide
Würde auftreiben, wenn ich sein Fell berühre
Dann stürzt es sich ins Bett wie ein kleines
  Kind
Legt eifersüchtig den Kopf auf das Kissen

Da hast du ein Kätzchen mit kindlichem Geist
Mit Freude am Scheuen und Frechen
Wetteifernd mit den geschicktesten Akrobaten
Und buckelnd seine sieben Leben tragend

Wenn es sich wie Gummi dehnt und springt
Dann ist die Luft voll reinster Freude
Sein Charakter und Gemüt verschmelzen mit
  meinen
Und in der Langeweile schaue ich es an

Liebkose ich es, fühle auch ich mich entspannt
Mein Wesen ist dann von Wohl erfüllt
Doch dies liebe Kätzchen hat dereinst gelebt
Und sich aus dieser Welt gestohlen

Meine Worte erinnern sich an
Was ich in jedem anderen entdecken kann
Meine Tränen vergieße ich ohne
Meinen ewigen katzenhaften Begleiter

DIE LIEBE ÜBERLEBT

Gefühle in Wolken regieren im Menschenlande
Drachen und Sterne fliegen gemeinsam
    mühelos am Himmel
Eindringliche Worte schmelzen Herzen wenn
    die Zeit reif ist
Die Sprache der Musik schwingt in
    himmlischen Bögen

Einigkeit war bei uns noch nie so sehr gefragt
Heidnische Hände winken mit Zauberstäben
Der Welt, die tolerant sein will
Liebeschöre singen ewige Lieder

Liebe birgt die leidenschaftlichsten Wünsche
Zum Kampf bereit gegen ominöse Mittel
Auch das Schicksal von Adam und Eva wurde
    besiegelt
Die Liebe überlebt schlicht alle Widrigkeiten

ICH HABE DIR ZUGEHÖRT

Als der Hang des Berges erblindet
Und schwindet und über den Horizont
    hinausgeht
An einem solchen Tagesende
Wenn die Schatten die windstillen Wipfel
    bedecken
Trete ich in die Welten längst vergangener
    Feenreiche

Und fliege plötzlich auf einem der
    Traumteppiche

Ich gebe den Weg frei für die Aufhebung der
    Illusionen
Auch wenn ich nicht wünsche dass sie
    vergessen werden

Luftspiegelungen werden von heulendem
    Stöhnen
In den Momenten in denen sich die Weisen
    versammeln
In deren finsterster Tiefe erdolcht

Während ich mich widersetze und quäle um
    nach außen zu greifen
Während ich mit meinen Augen die hinter mir
    stehen
Auf das Dunkel über den Hügeln schaue und
Während sich Traum und Wirklichkeit
    vermischen
Spüre ich die Zeit gekommen

Obwohl ich nicht will dass sie endet
Ich bin dafür dich drinnen in mir festzuhalten
Und bereit auf deine Balladen zu hören

Wenn die Sonne aufgeht ...

HURRIKAN-TULPEN

Das Rad des Glaubens soll das Leben
    derjenigen Menschen erschweren die ihre
    Menschlichkeit verfehlen
Gips, Kiesel und Sand werden unter der
    unsichtbaren Arbeit der Kunst zerschlagen
Jedoch wird es dann ein Heilmittel für
    schmerzende Herzen geben
Selbst gesprächige Weise scheinen sich immer
    im Dunkeln aufzuhalten

Das Meeresfunkeln leuchtet perfekt auf der
    Oberfläche – kommt und geht und wird es
    immer wieder tun
Fleisch und Zähne auf der Theke des Lebens
    wo sie tatsächlich winzige Herzen schnitzen
Schriften, Wörter, Essays fliegen im
    erschöpften Wind ohne einen Moment
    innezuhalten
Geschichten und Märchen werden in epischen
    Liedern lebendig durch den Gesang der
    Barden und ihrer Hände Klang

Eine Bergziege blickt von der Höhe der
    Felsen fröstelnd im Nachgeschmack des
    Freiheit-Tranks
Die Wolken ziehen in Ringen dahin, wandern
    Über die verborgenen Orte des Tals
Ihre Wut bricht aus dem Boden als wären sie
    Ein Rätsel der Natur
Unterscheiden und Verschmelzen von Luft,
    Erde, Wasser und Feuer

Hier brachten die Orkane die Tulpenzwiebeln
Und fügten sie zusammen nach der magischen
    Formel der Wassernymphen
Ihre Farben wurden empfangen mit Liebe und
    Begeisterung
Manche sind marineblau, andere rosa

Orkane würden nicht wagen
Die zarten Wangen dieser anmutigen Blume
    zu zerschlagen
Es ist die Natur die Leiden und Liebe geboren
    – die den Charme der Unsterblichkeit kennt
Es ist höchste Zeit sie zu begraben

Hoffnungslosigkeit   sollte   nicht   geerntet
    Werden, wo die Hoffnung sich erheben
    muss
Der Fürst der Verwirrung kümmert sich nicht
    Darum woher das Wasser kommt
Es war immer da wie das Leben das seinen
    Weg allein gefunden hat
Die Tulpen und die Stürme haben sich immer
    Geküsst

Und das Leben selbst

LICHTEXPLOSION

Der Sonnenuntergang morgen findet statt
Die Zukunft wird in die Luft gejagt
Dem Glück entspringen Meere voller Tränen
Mit dem, was von Sehnsucht und Trennung
   bleibt
Ist der Himmel dabei, seinen Korb zu füllen ...

Die Äpfel der Erdenmutter werden vergraben
All die guten Taten werden wieder und wieder
   gezählt
Die hellen Blumensträuße strömen mit Schwung
   heraus
Um aus der tiefsten Finsternis zu fliehen ...

Es gibt Trost für das Heer der Getrennten
Sowie Gefäße für die Tränen
Die Angeber trocknen gar die Brunnen aus
Wen kümmert es dann, wenn Stürme wüten ...

Dir wurde von verschluckten Bissen erzählt
   und was aus den Mündern kommt
Zwischen den Zeilen hört man die Bewegungen
Ich kenne dich zu gut und deine Blutphobie
Wenn das Licht explodiert und die Augen
   geblendet werden ...

REINER INSTINKT

Damals, zu Zeiten merkwürdiger Träume von
    konkreten in Stein gemeißelten
    Prophezeiungen lebten die Alten ihre
    trostlosen Ängste aus
Zeitlosigkeit verwirrte viele Köpfe und
    bereitete sie darauf vor aus dem
    himmlischen Ort gedrängt zu werden.
Da sangen die Barden der Welt dass sie den
    liebevollen Schutz füreinander nicht
    aufgeben Sollten
Während die Worte den goldenen Käfig der
    Dichterin erreichten fühlte sie sich erneut
    wie eine Göttin
Argonauten und Astronauten flogen ins Meer
    und in die Leere des Kosmos
Die klug ergrübelten Werke tauschten auf
    einem virtuellen Altar Worte und Erstaunen
    aus
Die Dilemmas und Rätsel wurden von
    Außerirdischen gestellt um der Ruhe der
    Göttin willen
Komm – schließ dich uns an sangen sie vom
    Hügel der göttlichen Botschaft
Wie kommt es, dass diese Sterblichen keine
    Schmerzen in ihren Augen spüren?
Falls es so sein sollte dass man von der
    landschaftlich reizvollsten Straße ins
    Nirgendwo verschwindet
Kann man den Körper und die Seele im
    reinem Instinkt laufen lassen

Gewagte Bewegungen spielen keine Rolle
    wenn man im eigenen Paradies gefangen ist
Kometen mögen dich in deinen Träumen
    besuchen um die Dinge etwas umfangreicher
    erscheinen zu lassen
Erweitere deinen Horizont und schaue hinaus
    was du als schöne leere Welt siehst
Die entsetzlichsten Taten werden vor dem
    Höchsten Gericht für sechzig Tagen gelobt
    bevor du stirbst
Würde es dir etwas ausmachen wenn du zu
    deiner Essenz die nur ein Fleck ist
    zurückkehrtest?
Kein Wunder viele Seelen laufen immer noch
    ihren Instinkten hinterher um
    herauszufinden ob es sie gibt oder nicht
Nun ich folge meinem einen auf Gedeih und
    Verderb sonst ...

NICHT VERGESSEN

Es steht nicht in herkömmlichen Lehrbüchern
Der Bauer und der Städter fühlen dasselbe
Das Leben in der Nähe des Landes bringt
    Erntezeit
Baumwolle findet ihren Weg in die Hände der
    Stadtbewohner
Beide wischen ihre Tränen mit dem gleichen
    Stück Stoff
Sorgen verbinden die verletzen Herzen der
    Liebenden.

Ein Lebensstil
Niemand total durcheinander
Es ist Zeit nachzudenken um zu sehen was so
    fantastisch war
Jemand hat sich von der Tafel entfernt

Wir waren cool an diesen Tagen oder?
Hatten manchmal die Spielgesichter aufgesetzt
Jetzt fallen Puzzleteile an die richtige Stelle
Ist es nicht an der Zeit einen Zug zu machen
    um eine Katastrophe zu verhindern?
Wir beide können uns sicherlich nicht vor den
    drängenden Angelegenheiten verstecken

Tief in unseren Seelen wundern wir uns
    immer noch über einige Spuren

Ist es eine Fata Morgana oder bist du eine
    schattenhafte Gestalt die mich verfolgt?

Ich habe ab und zu über zeitlose
  Erinnerungen nachgedacht

Glaube mir sie alle sind in meinem Kopf nicht
  Vergessen

EINE EINDRINGLICHE ENTDECKUNG

Ein anderes Bild zeichnet sich ab
Auffallende Beobachtungen in der Entstehung
Entscheidungsfindungen werden
　　aufgeschoben
Langsam bewegt sich eine faszinierende
　　Entdeckung
Ihre Inspiration erscheint atemberaubend

Wir vertrauen Wahrnehmungen
Unsere Ausdauer ist total verbraucht
Dem Heureka-Moment ist die Herrschaft
　　vergangen
Hoffnungen sind verloren
Ein Paradies für das Vogelhirn

Alle gleichen Merkmale überraschen uns
Wer nimmt es auf dem falschen Weg leicht?
Zieht die Summe von einer einfachen
　　Rechnung ab?
Neugierige Ungereimtheiten neigen zum
　　Verdrängen
Depressive Appelle an der falschen Stelle

Das ist mit Sicherheit eine unruhige Welt
Experten haben noch nicht vollständig
　　verstanden
Wenn die Liebe seltsame Wege geht
Dann beginnt eine Jungfernfahrt
Um eine faszinierende Entdeckung zu
　　machen...

AN JEDEM PUNKT

Worte reisen in die windigen Ebenen der
    Verehrer
Lass uns das Entzücken über Eiscreme in den
    Träumen feiern und unsere
    Sonnenuntergänge für eine stressfreie
    Tierwelt öffnen
Ihr Durst könnte auf diese Weise unterdrückt
    werden oder zu einem neuen Denken führen

Wir reißen die Augen auf um besser die
    gewagten Begegnungen zu sehen
Es scheint kein Ende für einen
    leidenschaftlichen Draufgänger zu geben
Viele fürchten sich kaum vor diesem giftigen
    Elixier
Einige wenige im Himmel sagen Auf
    Wiedersehen zu den Nachzüglern

Warum legst du einen Finger in diese Wunde?
    deine Augen könnten eine faszinierende Fata
    Morgana sehen
Wir kehren zu den Grundlagen zurück und
    Schauen uns ins Gesicht
Nur um zu merken es ist die beste Abkürzung
Um in der Pipeline die chemische Reaktion zu
    starten

Zwischen jedem Punkt unserer Herzen ...

VERÄNDERTER ZUSPRUCH

Für Angeliki

Man sagt Legenden zeugen
Von den schrecklichsten menschliche Sagen
  von gestern
Helden und Heldinnen verloren ihren
  Verstand
Triumphal war die göttliche Schönheit
Die Herzen schmerzten Tag und Nacht
Zorn war die Sprache des ewigen Gottes

Menschen erhielten eine einzigartige Chance
Zu kämpfen und ihr edles Wesen zu feiern
Keinem wurde der richtige Weg gewiesen
Das Bewusstsein war immer ein knappes Gut
Siege gehörten den Kommandeuren mit den
  empfindlichen Herzen
Um die Seelen ihrer Soldaten in abgründiger
  Erinnerung zu trösten

ZUFLUCHT IN EINEM
EINZIGARTIGEN FOKUS FINDEN

Ich armer Kerl finde Zuflucht in einem
    einzigartigen Fokus
Ein Prisma bricht Licht aus dem Schatz einer
    Iris
Wie unglaublich leidenschaftlich ist das Ein
    und Alles
Liebliches Jagen überlebt härteste Qualen
Schöne Worte und Taten passen in kein Elend
Die malerischen Straßen führen zu einem
    nostalgischen Gedächtnis
Meine zarten Sinne reagieren empfindlich auf
    deinen Geschmack

Ich armer Kerl möchte meine Konzentration
    verbessern
Offenes Herangehen für den Erhalt unserer
    Herzen
Noch hat Jeder nicht mehr als Vermutungen
Ob unsere Vereinigung entstehen wird
Du und ich könnten unsere Klarheit bald
    verlieren und
In einem unbekannten und ungeprüften
    Universum verloren gehen
Deine verrückten Bewegungen mögen meine
    Sinne ansprechen

Ich armer Kerl beherberge mehrere
  Schwerpunkte in meinem Herzen
Das Rad der Zeit wird niemals aufhören
Niemals und nimmer anhalten
Die Feinabstimmung für Zuflucht und
  Konzentration ist unausweichlich ...

ICH WÜNSCHE TRÄUME
VERÄNDERTEN DIE WELT

Die magischen Finger reichen in eine
   himmlischere Richtung
Künstler einer göttlichen Welt stehen über der
   Akropolis

Gefühle fliegen zwischen den Musikern hin
   und her
Der Stoff der Kultur ist gewoben
Gesunder Menschenverstand führt seine
   Taten auf
Inselbewohner finden luftige Inspirationen

Viele Geschichten können gezeichnet werden
Aus den Legenden von gestern
Ritter von Rhodos könnten erneut regieren
Um zu sehen das Heute ist das schönere Fest

Wir sind einfach gern hier
Mit Ehrfurcht vor dem Leben
In dem Harfen Klaviere lieben
Um mit schönen Stimmen gemischt zu
   werden

ZWILLINGSPRINZESSINEN DER INSELBEWOHNER

Eine leichte Brise aus der Zeit der Drachen
    und antiken Kulturen
Hunger eines barbarischen Ichs nach
    Zerstörung und Tod
Gemischt mit der Stimmung der sanftesten
    Lebensgunst
Philosophie und Menschlichkeit traten der
    Bedrohung entgegen
Schönheit von Haut und Gewebe im
    Rhythmus des Herzens
"Niemand ist hier ein Fremder!" sagten die
    Zwillingsprinzessinnen
Die Inselbewohner stimmten zu und nahmen
    sie auf

Es wurden Friedens- und Kriegsdekorationen
    angelegt
Zwei göttliche Körper wurden einmütig
    verehrt
Sie waren es die in schwierigen Zeiten den
    Weg weisen mussten
Die Zwillinge lebten ihre Weisheit und gaben
    Regeln aus
Sie waren nicht da um Gefühle zu verfolgen
Oder Gefühle der Liebe und Freude zu
    empfangen
Noch waren sie Opfer in diesem epischen
    Märchen

Das Leben gab ihnen gütigst eine Wendung
  des Schicksals
Zöpfe und Busen schwingen als Ganzes in der
  Sonne
Um die zeitlos wohltuende Seide ihrer
  Existenz zu erreichen
Es war wirklich kein ermüdender Schritt
In die bodenlose Tiefe einzutauchen wo ihnen
Ein geheimnisvoller Blick den Weg ebnete

Jeder Mann in den Rittertruppen
Verehrt diese überirdische Attraktivität
Sei es ihre Phantasie oder die alltägliche
  Wirklichkeit
Die Vergangenheit war verschwunden
Für immer oder für einige Zeit noch abrufbar
Obwohl die Herausforderung der
  Dämmerung bereitwillig
Den Zwillingen seine Nostalgie anbot

Wer würde nicht durch merkwürdige Taten
  beleidigt werden
Oder den Preis zahlen für die Wunden des
  Krieges oder der Liebe?
Zwei mystische Prinzessinnen dieser
  Inselbewohner
Stellten sich mit der entschlossenen Tat, nicht
  zu sterben ...

LIEBE UND FRIEDEN

Für Eirini

I

Hand in Hand wie seit Jahrhunderten indem
  man die Taten bezeugt seien sie heroisch
  oder alltäglich
Viele fallen in die Abgründe der Zeit
Legenden sprechen noch immer von den
  Dämonen
Rittertaten wurden nicht vergessen
Es waren nicht die Epochen des Friedens
Liebe überlebte Katastrophen
Eirini lebt nicht umsonst

II

Die Zauberin des heiligen Tempels
Diktiert die Regeln für einen längst
  vergangenen Glauben
Loyalität zu einem König der Arroganz war
  schrecklich
Was zählte war nicht die Delinquenz der
  reifen Völker
Himmlische Stufen wurden ausgereicht
Unten flogen männliche Glorienscheine
Umarmung war die Entscheidung der Nacht
Eirini teilte ihre innere Freundlichkeit
Schwellen wurden gesetzt sie zu überschreiten
Wie beim Wandern auf Gipfeln der Fantasie
  sind wir durchgeschwitzt

III

Es ging nur um eine verschlossene Tür
Der Schlüssel wurde in einen dunklen See
  geworfen
In einer Ecke wurden Wunder erwartet
Wer würde der Retter sein?
Für die jahrhundertealte Pattsituation?
Niemand aus dem Lande wollte es wagen ...

BERÜHRENDE GEDANKEN

Für Eirini

Die Früchte des Paradieses lassen ihre inneren
    Samen über den Horizont sprudeln
Wirbelnde Tornados der wildesten Begierden
    brüten ihre Quellen
Die Häuser der Ruhe reflektieren auf die
    begehrtesten Taten die getan werden.

Kraftvolles Gift der Lust weicht dem
    verrücktesten Arrangement
In Worten wird es überall präsentiert
Auch in Personen finden sich Formeln zu den
    komplexesten Fragen
Man kann sagen lass es so sein im Leben wie
    es sich wirklich als das Beste erweist

Lasse mir meine Ideen um einen Himmel zu
    schaffen
Du hast große Ausdauer und Kraft es zu
    erreichen
Deine Haare dein Herz und deine Haut
    berühren meine Seele
Zeige mir deine Gedanken wo du und ich
    anklopfen können ...

VERFOLGTE SEELEN

Die Schatten der Nächte waren zur
  Verschwiegenheit verpflichtet und keine
  Aussage über eine bestimmte Geschichte zu
  machen
Die hellseherischen Figuren und Gedanken
  die mit mir spielten haben die meisten Leute
  nie gesehen
Ich fühlte mich als könnte ich die Welt des
  Bösen erobern
Ihr Interesse entsprach nicht meinem
  Tagebuch
Der Lauf des Lebens wurde von einem
  Monster verfolgt das uns in das Reich der
  Ungewissheit trieb

Fetische die in unseren Köpfen kreiert wurden
  gingen einen zusätzlichen Weg
Unanständige Schätze wurden als Mittelpunkt
  betrachtet und ihre Mysterien blieben bis auf
  den Tag ungelöst
Barden werden bemüht um heutzutage eine
  besondere Romanze zu erzählen
Die spirituelle Befreiung hat eine kosmische
  Bedeutung
Sie stellt dich über den Rest der Tränen
Vernebelte Berge und böige Winde
  überraschen viele

Chinesisch violett und ägyptisch blau bemalt
  ist die Ebene deren Staub die vergessenen
  Soldaten und Samurais bedeckt

Alles in allem war es eine erstaunliche
  Erfahrung
Die Spukgeschichten aus den Zeiten der
  Pharaonen und Hunnen machten sie
  unsterblich
Die Schlacht scheint bis heute keiner
  gewonnen zu haben

Verfolgte Seelen leiden vom Anfang bis zum
  Ende ...

HEILRITUALE

Es ist am besten ein heiliges Ritual und die
    Bilder davon zu beschreiben indem man in
    eine Dimension eintritt die in einem
    unschuldigen Herzen existiert
Es bedeutet nicht ein rhythmisches
    Experiment durchzuführen.

Gute Sequenzen der Wörter sind Teil einer
    Heilssitzung und eine Erweiterung unseres
    Bewusstseins führt uns in die Zukunft in der
    ein Potential tief in unserem Inneren nicht
    vergessen werden darf
In der Desillusion verschwimmt alles wie es
    zu sein hat

Wenn es darauf ankommt offenbart die starke
    Geschichte viele Zeremonien und einige
    Ideen erschüttern das Gleichgewicht der
    feinen Tat von früher und geben unserem
    Gehirn einen Schub ihren richtigen Platz zu
    finden
Die veränderte Chemie unseres Körpers und
    der Seele reagiert

Eine moderne Zeit beschreibt ihre
    komplizierte Mischung aus Ungewissheit
    und Heilungsrituale erzeugen die Öffnung
    des Verstandes in der harmonische
    Bewegungen zeigen wohin wir steuern
Die rohe Realität bringt uns in eine
    unausweichliche Frontlinie

Wir müssen wir selbst sein wir benötigen
  Heilungsrituale ...

ICH BIN VÖLLIG DURCHGEFROREN

Wörtlich
Ich bin völlig durchgefroren
Weil du mir falsche Hoffnungen gemacht hast
Ich wurde zwischen Tagen und Nächten
Entlang der Ufer dieser wertvollen
    Erinnerungen geschaukelt
Es war ein einmaliger Blick die Dinge zu
    sehen

Gegen den Himmel
Ihre Antennen sind ganz entspannt
Sie fingen nur ein vages Bild auf
Die stürmischen Winde können das Land des
    Elends überleben
Zauberer winken mit ihren Stäben
Um gezüchtete Kaninchen zu füttern

Eigentlich
Bin ich jetzt wachsam
In der Tat außergewöhnlich
Ich will nicht in einen Abgrund fallen
Mit einer schönen Tat kann alles passieren
Du denkst vielleicht es wäre zu deinem Besten
    wenn du vergessen würdest

Wahrscheinlich
Bin ich völlig durchgefroren
Während man in den Flammen verbrennt
So war es schon in aller Vergangenheit
Für einen Mann oder ein liebendes Paar ...

WIR HABEN UNS BEFREIT

Ein unausweichlicher Urschmerz in meiner
  Seele
Eine Sehnsucht nach meiner ureigenen Essenz
Vögel der höheren Schichten über den Hügeln
Schauen ob sie sich befreien sollen oder nicht
  und sicher sind es in jedem Fall besser zu
  können
Was ist die kreativste Kraft da oben?
Alles umdrehen und eine Achse halten?

Es ist ein tiefes Mysterium sowie ein Wunder
Unser Geist ist ruhig und beruhigt viele
  Sorgen
Bereit zu grüßen und alle Ereignisse zu
  akzeptieren
Erwachte Gefühle mögen schwer zu
  bewältigen sein
Es gibt viele weitere Beispiele für
  Freundlichkeit neben dem barbarischen
  Verhalten das wir offenbaren
Die Suche nach dem Sinn des Lebens ist ewig
Nichts ist ganz auf uns abgestimmt um sicher
  zu sein

Wir wollen uns nicht trennen
Was wir wollen
Sagen zu können
Wir haben uns befreit...

MONDSCHEIN

Der arme Mann fand einen perfekten Ort um
    die Nacht zu verbringen
Seine Hand breitete sich aus um die Strahlen
    des Mondlichts zu fangen
Er dachte der Mond hätte einen Tipp ferner
    Sterne bekommen
Er wurde nicht davon abgehalten seine
    missliche Lage zu lösen.
Der Mond strahlte hoch über den Dächern

Diese Geschichte entstammt nicht einer
    phantasievollen Welt
Die Armen wurden nicht von Manitu oder
    einem anderen Geist ausgewählt
Epileptische Anfälle fallen mit epischen
    Reisen zusammen
Ratschläge der Weisen reichen nicht aus
Plötzlich verstarb gerade eben ein stilles
    Gerede

Er glaubte er sei von einigen Kräften besessen
    deren Möglichkeiten die Menschen
    vergessen haben.
Die mündliche Überlieferung sagt da sei ein
    Zugang
In ein anderes höheres Reich
Wartet ab und schaut was passiert

Das Mondlicht besucht den Himmel wenn die
  Zeit reif dafür ist
Es bewegt sich mit einer wohlwollenden Kraft
  enthält das Gegenmittel zum Glück für jedes
  Mal wenn ein Notleidender danach fragt
Dann schickt der alte Mond seinen Glanz

Im Geheimen ...

TRÄGHEIT

Ich habe bewiesen ich bin in allen Bereichen
    gescheitert
Harte Elemente des Lebens machten mich
    nicht zu einem herzlosen Biest
Sobald der Spuk aus der Flasche entwich war
    es als ließe ich meine Kindheit hinter mir
Ich wurde äußerst ehrgeizig wertvolle Blicke
    des Lebens zu fangen
Es gab Zeiten da dachte ich vollständig
    überwältigt werden zu können
Geblendet durch die Momente der Vergeltung
    einer Ominösen Handlung
Sie herrschte auf einer Skala unvorstellbarer
    Qual die sich mit Methoden göttlicher
    Kräfte zu einer Angelegenheit der
    Bedrohung entwickelte
Ich mag schwer als anständiges Wesen zu
    Erkennen sein
Meine Kraft Erfolge zu vernichten die mein
    Bewusstsein verlassen habe ich verloren
Ich konnte meine Stimmung nicht zu meiner
    größten Verlegenheit stabilisieren
Meine widerstrebenden Gefühle wollten nach
    oben — verzweifelten aber
Meine letzte Abwehr wurde von kennenden
    Kräften besiegt

Inspirierte Ideen starben unten im Angesicht
    der Leere
Während ich oben verkrüppelte unter dem
    verborgenem Druck

Zur Dämmerung sammelte sich die Schuld
    der abscheulichen Taten
Vom Ungewöhnlichen bewegte ich mich zum
    Bizarren
Der Horizont wurde aufgegeben verlor sich
Offene Augen hätten die Menschheit
    entdecken können

Weisheit wurde von schamanischen Seelen
    verehrt
Die Frage der ungelösten Verbrechen bleibt
    noch bestehen
Als unbußfertige Kreatur die ich
    herauszufinden wage
Scheint meine Trägheit nun in Bewegung
Um die just verschwundenen Geschichten
    wieder abzurufen ...

AUF DER SUCHE NACH ETWAS

Ich wollte kein Spielmacher sein
Ich wollte mich nur lebendig fühlen – meine
   Liebe
So sehr dass ich über etwas stolperte
Ich war es nicht der auf die Liste der
   Trauernden gesetzt wurde

Unser Elend entwickelte sich in rasantem
   Tempo
In wie vielen Dimensionen gedeihen die
   Leben?
Du standst mir auf der Seelenfreundin-Basis
   nahe
Bitte nimm dir einen Moment Zeit um zu
   sehen was mit uns passierte

Ich lade dich ein den ewigen Durst zu stillen
Der Obstgarten eines einzigartigen Himmels
   scheint intakt zu sein
Sei bereit etwas schwer Beschreibbares zu
   spüren
Wir dürfen dort unaufhörlich in unseren
   Träumen feiern

Es war wie eine Wanderung auf einen
   grandiosen Berg
Unsere Stimmung erhöhte uns auf den Gipfel
   des hoffenden Seins
Nichts sollte zwischen den Zeilen versteckt
   werden

Epochen berichten von der unendlichen
    Rhetorik der Sänger

Es ist nicht sicher ob du deinen Schatz findest
In jeder echten Bewegung steckt Magie

Du musst am Ende du selbst sein um etwas zu
    erreichen ...

UNTERWEGS

Es wird nicht funktionieren
Es wird nicht lange halten
Es wird nicht passieren
Vom Sonnenaufgang bis zum
    Sonnenuntergang
Wer wird die Welt retten?
Kannst du aus deinem Gefängnis fliehen?
Oder wer sonst wird sein Leben für deine
    Taten opfern?

Das ist ein Aufruf für unsere geliebten
    Mitmenschen
Schlüsselfragen suchen nach ewiger Wahrheit
Dunkle Seiten eines Abenteuers bleiben
    unentdeckt
Das Dilemma setzt wieder eine neue Art der
    Herausforderung
Einigen wurde einfach nur bedeutet verwirrt
    ihre Köpfe zu kratzen
Hoffnungslos marschieren die Soldaten der
    bewussten Welt
Glaubst du es wird funktionieren?

Große Vogelschwärme im Land der
    wandernden Menschen
Verkünden eine Zeit der Verwirrung und der
    schweren Fehler
Du könntest an den Verletzungen sterben
Die dir durch eine giftige Waffe zugefügt
    wurden

Die brutale Ermordung deiner Seele beweist
    den Vorgang
Also – sage mir – wer ist unterwegs?

VERLÄNGERUNG

Durch die im hohen Maße erodierende Kraft
  der Zeit
Werden verwüstete Hoffnungen in Schutt und
  Asche gelegt
Nichts wird so sein wie es einmal war
Entblätternde Erkenntnis durchdringt die
  gespenstische Not

Jeder hat eine Geschichte zu erzählen
Sie haben den Fluchtgeschmack gespürt
Sie treffen Zugvögel am abnehmenden
  Himmel
Wunden neigen dazu im Laufe der Zeit zu
  heilen

Hinweise deuten auf die Absturzstelle der
  Liebenden
Es ist nichts anderes als doppeltes
  menschliches Versagen
Das beste System kann die Zeit nicht stoppen
Es läuft moderat aber nicht hervorragend

Bitte denke daran mir zu Hilfe zu kommen.
Ich kämpfe mit mir selbst und meiner Tat
Dringende Fragen betteln um Klarheit
Jede Bewegung kann ohne Weiteres scheitern

Jede Zeit durchläuft ihre Bahn ohne unsere
  Erlaubnis
Die erschöpften Analysen werden beendet
Und lassen uns Zeitreisende zurück ...

HAUCHZARTE FANTASIE

In erklärenden Worten fingen wir soeben an
Etwas völlig Anderes zu erforschen
Den Appetit auf unaussprechliche Angst
Es war der richtige rebellische Weg
Im Echo einer grandiosen Seelenwanderung
Ein Gleichnis einer wundersamen Odyssee
Hinter der Maske lächerlicher Satire
War es nicht die aufrüttelnde Reaktion
Auf einen schrecklichen Traum?
Menschlichkeit ist auf den Kopf gestellt
Barmherzigkeit hoffnungslos in Blut getränkt
Aber immerhin wurdest du nicht vergessen ...

ELFEN UND ZEITEN

Eine Elfe besucht ständig die Hügel
Natürlich ganz oben zu ihren Träumen
Unbekannte Märchen werden
Mit dem Atem des heutigen Tags verzaubert
Wer würde sie nicht ersetzen wollen?
Jedes ein Stück oder eine Illusion
Vielleicht erringen sie keine Erkenntnis

Ihr Herzschlag ändert sich wenn sie den
   Regenbogen überqueren
Wie viele waren unter ihrem Schutz
Auch an Orten, wo keine Feengefühle
   vorhanden sind?
Sie haben die Waisen tausende Male erreicht
Die Pferde die nicht laufen werden in eine
   Ecke gestellt und ihre Hufe gelöst
Und der Garten wird gewässert im Exzess
Wo auf den Seelen Menschen blühen

Setzlinge werden in ein sehr grünes Grün
   gemalt
Es gibt keinen Grund Gefühle anzutreiben
Ohnedies fällt alles wieder zurück auf das
   geliebte Gesicht
Das Blut zeigt seine Farbe auf seinen Wangen
Und Tropfen auf dem sauberen Tuch
Tränen verwandeln sich in Perlen
Und mischen sich mit Freuden

In der Nacht schließt sich die Trauer-Tür

Danach lässt es uns zurück
Was geschehen wird
Wo es enden wird
Im ewigen Puzzle-Spiel ...

ALARM AUSLÖSEN

Die wachsamen Augen erhielten einen Blick
   auf den Stolz
Sie sahen auch die verdächtige Leere
Eine lebenslange Führung wurde in Frage
   gestellt

Es bedarf eines phänomenalen Bewusstseins
Für die endgültigen Vorbereitungstests
Mit Abertausenden von Gründen wird der
   Fall präsentiert bei dem
Du doch nicht deinen vollen Einsatz verlieren
   willst

Von unserem Herzschmerz wird kein
   Überleben erwartet
Ich bewundere immer deine Wachsamkeit
Viele Geheimnisse werden zurückgehalten
Du erweist dich als widerstandsfähig im Leben

Ich glaube es gibt Mutige die vorankommen
Die Uhr ist bereit und tickt in der vierten
   Dimension
Wächter von Zeit und Raum hätten die Macht
Im Einvernehmen Alarm auszulösen ...

HERRLICHE LANDSCHAFT

Ich frage mich wo diese fieberhaften
　　Fantasien jetzt sind
Einige näherten sich mit lautem Pfeifen der
　　Grenze
Diskussion über Romantik gegen Formbarkeit
　　in der Liebe
In der schönen Landschaft verbirgt sich
　　gespannte Furcht
Was ist der tragende Faktor im Spiel der
　　Chemie?
Bei uns sind Verstand und Seele immer
　　durcheinander
Es ist schwer geradlinig zu sein

Ich wundere mich wo meine Zukunft sich
　　formt oder gar ändert
Schöne Worte umwerben Poesie und rufen
　　Gedanken hervor
Seltene Gelegenheiten verpasst man dort in
　　jedem Fall
Die besten Ideen sind mit den Händen zu
　　greifen
Reine Liebe geht über das Verstehen aller
　　Arten hinaus
Das Schicksal zeigt seine Komplexität und
　　wirkt zu anspruchsvoll
Götterwagen warten auf das höchste
　　himmlische Gebot

Eine unbeschreibliche Sage aus ferner
　　Vergangenheit die keiner kennt

Abstraktes Denken lockt himmlischen Plan in
    die Herzen
Es gibt großartige Verbindungen zwischen
    den einzelnen Seelen.
Körper spüren die Wärme und fühlen was
    ungewöhnlich ist
Der Charme einer lieblichen Begegnungen ist
    immer angenehm

Du hast noch eine weitere Chance dir deinen
    Helden vorzustellen

Alle Arten der Herausforderungen zu meistern
    wäre traumhaft ...

PLÖTZLICH UND UNVORHERSEHBAR

Es erscheint selbstmörderisch das drängendste
  Rätsel der Welt zu lösen
Einst war festgelegt wer der Übeltäter war
Selbst unermüdliche Kreuzritter konnten es
  nachvollziehen
Das Wechselspiel von Reisen zwischen den
  Wundern und der Einfachheit
Freies Stehen und Gehen trägt den größten
  Teil des Gewichts
Unschuld und Sünde regieren das Land von
  Unrecht und Ungeduld

Da wäre die große Debatte über die Themen
  vom Ewigen und Alltäglichen
Doch Analysen einer verlassenen Liebe heilen
  Niemanden
Menschliche Integrität zählt nicht für eine
  wahre Kartierung von Raum und Zeit
Alle seltsamen Arten von Wesen und
  Geschehen können dunkle Materie nicht
  eliminieren
Empfohlene Vorschläge und Pläne verbinden
  sich nicht
Leben und Tod erscheinen in der Schwebe
  einer einfachen Geschichte über eine riesige
  Flut

Gleich nach einer legendären Reise erreicht sie
  ihr Ziel und ihr Schicksal

Wenn etwas dazwischen kommt verändert es
das gesamte Spiel

61

SYMBOLIK

Größere Verschwörungen laufen parallel zu
    dem was auf dem Grund passiert
Ein nie endendes Puzzle wird in einer
    unberechenbaren Anordnung platziert
Einige Argumente widersetzen sich hartnäckig
    den bereits besiegten Anschuldigungen
In der Bühnenmitte defilieren Berühmte mit
    Vergnügen in großartiger Parodie
Sie scheinen wie Babys völlig überrascht zu
    sein und erschrecken
Mit extremer Genauigkeit formen Zufälle die
    Muster einer fatalen Flucht
Spekulationen deuten wenn die Zeit dafür
    naht auf eine leuchtende Zukunft

Die Gläubigen an der Seelenmacht haben
    Probleme Fakten zu erkennen
Warum nicht daran denken die Liebe sei in
    den Sternen gefangen?
Unsichtbare Lichtstrahlen im Kopf
    durchdringen Reflexionen
Wir sollten die bereits erledigten Wünsche und
    Hoffnungen noch einmal aufgreifen
Um die wahren Absichten vor dem feurig
    leidenschaftlichen Verlangen zu schützen
– Ich bin die zweite Option –
Könnte das Motto sein um nicht zu verlieren
Wenn du jemals wieder zurückkommen willst
    sei bereit der Blitzableiter zu sein

NIMM DIR BITTE
EINEN MOMENT ZEIT

Die winzigen Zeiten der Langeweile kommen
    und gehen
Kein Mensch soll den Reichtum einer Nation
    plündern
Herzstücke bieten ihre Lebenslinien zum
    Festhalten und Genießen
Jetzt sind wir mehr denn je im Hinterhof des
    Schicksals gefangen
Blassgelbe Herbstlaubblätter zögern sich zu
    verabschieden
Sie sehnen sich die schönen Bindungen nicht
    zu enttäuschen
Doch ihre Gedanken wehen im Augenblick
    buchstäblich davon

Entweder du nimmst dir einen Moment Zeit
    um Abschied zu nehmen
Von der Gunst den Fall einer sterbenden
    Gesellschaft zu teilen
Oder du wirst zu einer eigensinnigen
    Belastung

Die verwirrende Frage verbleibt im Schatten
Es gibt weder menschliches Versagen noch
    mechanische Fehler
In dieser Welt werden klare Antworten
    verlangt

Wenngleich – es verbleibt für jeden das
  endgültige Geschick
Schließlich sollst du unsere Geschichte nicht
  aus den Augen verlieren ...

ZUVIEL ÜBEREINSTIMMENDE
LEIDENSCHAFTEN

Die Frage nach den menschlichen
  Eigenschaften taucht unversehens in der
  Morgenbrise eines kühlen Tages auf
Du musst alle schwer fassbaren
  geheimnisvollen Motive und
  leidenschaftlichen Gefühle ausschließen
Um die Entfesselung der begehrtesten
  Wünsche die der Himmel schickt zu
  vermeiden
Sie können den Globus bewegen und werden
  auf jeden Fall die vielen Wunder erschüttern

Vier Reiter der Apokalypse versuchen den
  Anfang und das Ende zu erobern
Seelen einfacher Wesen bemühen sich
  instinktiv um alltägliche Befriedigung in
  parallelen Leben

In Sekundenschnelle wirst du zum Schöpfer
  mit einem Samen im Mutterleib zukünftiger
  Generationen
Exakte Übereinstimmungen sind in diesem
  Universum zu finden wenn du es wagst das
  Böse der anderen Welt zu bekämpfen
Riesige Hindernisse stehen im Weg und
  Niemand erwartet die Mutter aller Kriege zu
  stoppen
Letzte Schlachten enthüllen die wahre Natur
  gestohlener Visionen in verblüfftem Geist

Worte sind nicht wörtlich zu nehmen sondern
    symbolisch – da Wunder plötzlich
    geschehen
Es spielt keine Rolle ob sich der
    vorhergesehene Sieg am Rande einer
    Niederlage befindet
Er stand bewundernswert dem Fluchtimpuls
    der Reaktion der Evolution entgegen
Es ist die herausragende Kraft der Bewegung
    hervorzuheben – geschrieben in die Herzen

Hütet den Schlüssel und teilt ihn mit allen
    anderen
Verräterische Beweise sprechen für uns
Gegenläufige und widersprüchliche Gefühle
    und Ideen
Es ist zu früh um vorherzusagen was
    passieren wird

Das überzeugendste Szenario schafft
Eine steile Kurve die Straße hinunter
Wo viele demselben Ziel zustrebende
    Leidenschaften
Getrennte Wege gehen ...

ABWARTEN

Herausfordernd bist nicht nur du oder ich
Wir fühlen uns machtlos in der Szenerie
Es kommt und geht rasend schnell
Der bernsteinfarbene Horizont dunkelt
Sündhafte Gedanken zügeln unsere Phantasie
Der Vollmond leuchtet über den ganzen Tag

Die Natur erzeugt unheimliche Töne
    Vermischter Lebensformen
Eulen aus verträumten Geschichten sprechen
    In ihrer eigenen Sprache
Von Weitem fehlt leidenschaftliche Berührung
Hoffnungslosigkeit kann nicht ausgestrichen
Und Seelenreisen können nicht abgewiesen
    werden
Selbst der banalste Sachverhalt ist vorgegeben

Dein Schicksal ist noch nicht besiegelt
Es stehen noch weitere Abenteuer an
Die auf dich warten
Krieg oder Frieden – Sein oder Nichtsein

Du und ich – wir scheinen das größte
    Problem zu sein ...

DER GESANG DES SINAI

Die Legende sagt dass es überall dunkel war
Drachen des Bösen durchstreiften das Tal und
    seine Furcht vor dem Fluss regierte das Land
    aus dem viele in Tränen aufgelöst weggingen
    um die Hoffnung im fahlen Grenzbereich
    am Horizont des Waldes zu gewinnen.
Und als die Gedanken der Kinder Sinais die
    weisen Männer zum glänzenden Schein für
    die begeisterten Bewohner einfingen
    nahmen Sie die Herausforderung an – den
    Drachen zu begegnen
Sie kämpften hart selbst in ihren Träumen am
    Tage und in der Nacht
Die Seelen der Tapferen warfen sie in die
    Gräben der Stadt – Wasser verdünnte das
    vergossene Blut
Es war kein Kampf wie man ihn sich mit
    Kämpfern vorstellen kann denn er wurde
    vom Aufschrei erhabener Herzen geführt
    der als er schließlich erstarb
Spuren der Bitterkeit über unvollständige
    Weisungen übrig ließ

Jetzt ist es an der Zeit wach zu sein und den
    Traum zu spüren alle Hindernisse zu
    durchleben
Der ungewöhnliche Gesang des Sinai
    beschreibt die Freiwilligen denen es gelang
    die Tränen zu trocknen
Vergossen über die Verwüstungen in den
    Köpfen und Herzen der Menschen

Die Dichter des Sinai wissen was geschah
Sie erarbeiteten es auf einem weißen Stück
  Papier

Türkische Originalfassungen

KIR ÇİÇEĞİ

Durulmuş ova esintisinde
Sabahın ve akşamın
Dönen grisinde
Beyaz açarım

Çakıl taşları tozlu topraklar
Titrer üzerime dokunmadan
Yıkanır güneş suyunda
Sarı giyerim

Uzanır kuşlar üzerime
Konar kelebekler
Sevincim gibi yeşil
Yapraklanırım

Bir can bir ruh
Sevgi ile beslenir
Beni dalımda tutana
Tutulurum

SABAH ÇİĞİ

Maria ve Hava için

Sabah çiği düştü şiir tepelerine
Köylülerin güzel sözlerinin yaşamları kutsadı
ve uzatıverdi
Geride kalan zamanın açıklanamaz sözlerini
Cennetler kapılarını açtı insanlığın
ziyaretçilerine

Narin yüreklerin ruhları bir aşk öyküsü için
titredi
Yemek masaları döndü yukarı doğru göklere
Doğrudan bir bağlantı var olağanüstü bir
yaşamın ellerine
Bir kış senfonisi çalmaya başladı mucizevi
melodisini

Sabah çiği çiftlerin başlarına değdi
Çöllerde başıboş dolaşıp bir sürü serapları
görünce
Onlar ana gibi düşsel boyutları geçmek
üzereydi neredeyse
Sanki bir çiğ damlası dünyayı değiştiriyor
gibiydi

KIR YAŞAMI

Tuhaf bir uğultuyla yolunu buluyor bir esinti
Kuşlar kanat çırpıp ötüyor gizemli bir senfoni
oluşturarak hep bir ağızdan
Birbirleriyle salt şiirsel bir dille konuşuyor
yaprakları ağaçların
Bir yerlerde havalanmış ruh hallerinin uysal
gölgeleri
İnsan ruhları büyülü ezgileri duyuyor öteki
dünyadan gelen
Duygularımız çalabiliyor hiç yaratılmamış
müzik aletlerini

Bilinmezlik vadileri törenlerine davet ediyor
seni ve beni
Eski ölümsüz yüzyılın fırtınalı velvelesini
içmek için
Anca'nın kuşları geçmişin bir öyküsünü
anlatmaya geliyor hemen
O efsanevi kişilerin serabı beliriyor zaman
zaman
Yaşamın bütün üzüntüleri ve koşuşturmaları
terk ediyor seni
Yaralanmış benliğini avutabilecek tek şeyin
başlaması için
İşin aslı herhalde şu, devamını bulmak için
sonu getirmelisin...

KEDİM İÇİN

Orda duruyor bakıyor bir top yumak
Sokulmaya hazır fırsat kolluyor
Karanlıkta daha parlak gözleriyle
Yolunu buluyor en usta manevrayla

Kabarmış kadife görünüşü
Yoksa ipek mi dokunduğumda tüyleri
Küçük çocuk gibi yatağa dalıyor
Başını yastığa koyuyor kıskançlıkla

İşte bir kedicik çocuk ruhlu hayvan postlu
Evin nazlı yaramazı bin bir keyifle
En usta cambazlarla yarışıyor
Sırtı kambur 7 canı taşıyor

Lastik gibi uzayıp havalara sıçrıyor
Kedim benim çok tatlı
Huyu suyu benimkine karıştı
Ona bakıyorum sıkıldığımda

İçim rahatlıyor okşadığımda
Yine gözlerim doldu
Kediciğim yaşadı yaşadı ve
Vedalaştı bu dünyayla

Anlattıklarım onun hikâyesi
Her kedide onun hayalini yaşatır
Yalnız kaldığımda

Ölümsüz kedi dostum için ağlarım

AŞK ÖLMEZ

Duygular hüküm sürer dünyasında insanların
Ejderhalar ve yıldızlar göklerde uçar
zorlanmadan
Zamanı gelmişse etkili sözler yumuşatır
yürekleri
Cennetimsi köşelerde güzelleşir müziğin dili

Dostluk hiç bu kadar gerekli değildi bizim için
Şefkatli eller sihirli değnekleri sallasın
Hoşgörü için kıvranan dünya değişmeli
Sevgi koroları ölümsüz şarkılarını söylemeli

Sevgi limandır en tutkulu arzular için
Karşısında hazırdır savaşa uğursuzun
Adem ile Havva'nın yazgısı belli değil mi
Yine de her şeye karşın sevgi yarışın galibi

SENİ DİNLEDİM

Körleşen dağ yamacı küçülüp kaldığında
ve ufkun ötesine gittiğinde
Esmeyen tepesi gölgelerle kaplandığında
ve öylesi bir gün bitiminde
Girerim hükümsüz periler dünyasına
ve uçarım düş halımla birdenbire
Yol veririm en loş kalmış sanrılara
unutulmamalarını istesem de
Uğultusuz inlemeler saplanır seraplara
hem de en derin derinliklerine
Bilgelerin buluştuğu kuşku boşluğu olan
anlara
ulaşmak için zorlanıp direndiğimde
Tepelerin üstündeki o karaltıya bakınca
ve onun arkasındakilere gözlerimi dikince
Zamanın geldiğini anlarım düşle gerçek
birbirine karıştığında
ve bitmesini istemesem de

Varım seni içimde taşımaya
ve hazırım senin türkülerini dinlemeye

Güneş doğunca…

FIRTINA LALELERİ

Feleğin çemberi dar gelmiş olmalı, birileri
kaçırmıştır hangi kalıbını insanlığın
Dökme taşlar, çakıllar ve kumlar ezilebilir
belki
görünmeyen dev eserlerin altında, gerçekten
Yürek daralmalarına çare bulunabilir mi
diyen bilgelerin kendisi karanlıkta her an

Yakamozlar deniz üstünde öyle parlıyor ki
kayıplara karışıyor hemen yeni baştan
Yaşam tezgâhında etleri, düşleri
ve küçücük yürekleri doğruyorlar, gerçekten

Yazılar, sözler ve özler uçuşuyor
halsiz rüzgârların peşinde
bir an durmaksızın
Öyküler ve masallar can buluyor
destansı kâğıtlarda
dilinde ve elinde ozanların

Bir dağ keçisi bakıyor tepenin üstünden
özgürlüğün tadını ve ayazı içerken
Bulutlar halka halka
dolanıyor vadinin kuytularında
ve fışkırıyor öfkeleri en alttan
Bir bilmece olmalı doğanın formülü, suyu,
ateşi

ve havayı ayıran ve kaynaştıran
İşte o fırtınalar getirdi buluşturdu

soğanlarını lalenin büyülü formülüyle
deniz perilerinin
Aşkla, şevkle donanıverdi lalenin rengi
Bazen koyu mavi, kimileri pembemsi

Fırtınalar ezmezdi
narin yanaklarını o zarif çiçeğin
Doğurmuştu doğa cefayı da seviyi de
bilen bilmeliydi ölümsüzlük sihrini
toprağa gömmek zamanı gelmişti

Umutsuzluk biçilmezdi, umut yeşermeliydi
hangi dereden su geleceğine
bugün aldırmazdı hayretlerin şeyhi
su da akardı, yaşam da
bulup yolunu

kendisi lalelerle fırtınalar
her daim öperdi

yaşamın kendisini ve birbirlerini…

IŞIK PATLAMASI

Yarının günbatımı almış yerini
Şimdiden patlatıyor geleceği
Bir umman dolusu yaş mutluluktan
Özlemden ve ayrılıktan kalan
Gökyüzü dolduracak sepetini...

Yer ananın elmaları saklanacak
Bir bir sayılacak iyilikler yeniden
Bin derde bir deva bulunacak
Çıkacak içinden o derin karanlığın
Işık demetleri akacak salıncaktan...

Yalnızlar ordusunun tesellisi var
Gözyaşlarının damacanası bir de
Yırtılan semanın özentisi ile
Çoban çeşmeleri bile kurur durur
Kuduran fırtınalardan kime ne...

Demiştiler sana an başta ve anında
Yutulan lokmalar, ağızdan çıkanlar
Sayıklamalar duyulmuştu laf arasında
Çok iyi bilirim seni en çok kan tutar
Işık gözleri kamaştırıp patladığında...

TAMAMEN İÇGÜDÜSEL

Taşa yazılı somut kehanetlerin
garip düşlerine düşüş yeniden
Antik çağların yaşlılarının yazıları
yaşamış bazılarının hüzünlü korkularında
Zamansızlık döndürmüş birçok başı
ve koymuş onları baltanın önüne cennette
Ozanlar dünyaya seslenmiş,
birbirinizi sevgiyle korumaktan vazgeçmeyin
diye
İğrenç sözcükler tanrıça gibi hisseden şairenin
altın kafesini ziyaret ederken
Argonotlar ve astronotlar başladı uçmaya
denizde ve boşluğunda evrenin
Bilgiler sanal bir sunak üstünde neler yapmadı
ki
sözler ve yeminler vermek için
İkilemler ve bilmeceler uzaydan gelenlerin
eliyle
kondu tanrı aşkına sessizce
Haydi katılın bize dedi tepeleri en kutsal
patronun
Bu ölümlüler onların gözünde
nasıl olurdu da çekmezdi hiçbir acıdan
Eğer en manzaralı yolda gözden kaybolup
gitmekse hiçbir yere
Bedenini ve ruhunu tamamen içgüdüsel kalıp
yaşatabilirsin
Cesur hareketler hiçbir fark yaratmaz eğer
kendi cennetinde hapissen

Kuyrukluyıldızlar ziyaret edebilir seni
düşlerinde,
bir şeyler daha geniş görünsün diye
Ufkunu genişlet görebildiğinin ötesine,
orada boş ve hoş bir dünya olsa da
Ölmeden önceki altmış günün ölümsüz jürisi
için
en korkunç eylemler övülmede
Fark eder mi bir toz zerreciği olduğun özüne
dönersen
Şaşmamalı birçok ruhun, olmak ya da
olmamak için
içgüdülerinin peşinde olmasına
Şimdiyse ben tamamen içgüdüselim,
ne olursa olsun, yoksa…

UNUTULMAMIŞ ZAMANLAR

Bu, geleneksel bir ders kitabından gelmiyor
Köylü ve kentli aynı duyguları yaşıyor
Toprağa yakın olmak hasat zamanımızı
getiriyor
Pamuk ürünü buluyor yolunu ulaşmak için
kentlinin eline
İkisi aynı parçayla gözyaşlarını silse de
Hüzün kundaklar sevdalıların yaralı kalplerini
Yaşam tarzı dönüştürmez bir kişiyi tam bir
belaya
O kadar muhteşem olan neydi düşünelim
şimdi
Yemek masasından kalkıp gitti birisi
O zamanlar keyfimiz yerindeydi öyle değil mi?
Birileri oyun yüzünü takınırdı bazen
Şimdi bulmaca parçaları düşüyor doğru
yerlerine
Bir felaketi önlemek için harekete geçmenin
zamanı değil mi?
Yardım edilemez sana ve bana bir süre
Acıtan olgulardan saklanıyor falan değiliz
Ruhlarımızın derinliklerinde hala bazı yolların
izindeyiz
Bu bir serap mı yoksa sen bana bir gölge gibi
mi görünüyorsun?
Arada sırada aklıma gelir o ebedi anılar
Kafamın içinde unutulmamış zamanlar var,
inan bana

İLGİNÇ BİR BULUŞ

Resmedilen farklı bir resim
Şaşırtıcı gözlemler yapım aşamasında
Geciktirilmekte son hüküm
İlginç bir buluş ilerliyor milim milim
Verdiği esin müthiş

Dayanılmakta varsayımlara
Dayanma gücümüz aşınmış
Buldum anı artık hükümsüz
Umutlar çekip gitmemiş
Bir cenneti kuş beyinlinin

Bundan başka her şey bizi şaşırtır
Yanlış yolda kim rahat eder
Basit bir matematikten toplam çıkarılınca
Meraklı tutarsızlıklar yerinden eder
Yanlış yerlerde keyifsizce yalvarmalar

Bu kesin sorunlu bir dünya
Uzmanlar anlayamadı bunu tam olarak
Aşk garip bir şekil aldığında
İlk sefer başlamış olacak
İlginç bir buluşu yapma yolunda…

HERHANGİ BİR NOKTADA

Ağızdan çıkan sözler yol bulur âşıkların
rüzgârlı ovalarında
Haydi, kutlayalım tatlandırılan dondurmaları
düşlerimizde
Ve açalım gün batımlarımızı hayvanların
sıkıntısız dünyalarına
Canavarca susuzluk böylece dinebilsin, düşün
yeni bir yolu ya da

Gözü pek karşılaşmayı daha iyi görmek için
kalkar kaşlar
Tutkulu bir girişken için son görünmez
ortalıkta
Pek çok kişi vardır ki
Zehirli iksiri içmekten pek az korkar
Yine pek azı onlardan veda eder cennette geç
kalanlara

Niye bu konuyla ilgilenmiyorsun?
İnanılmaz bir serap görebilir gözlerin
Haydi, en baştan başlayalım, bakalım
birbirimizin yüzüne
Yalnızca en kısa yolun var olduğunu anlamak
için

Kimyasal bir tepkime başladı bile
Kalplerimizin arasındaki herhangi bir yerde…

AĞIRBAŞLI AVUNTU

Efsaneler tanıktır diyorlar
Dünün en korkunç insan öyküsü için
Aklını yitirdi kahraman erkekler, kadınlar
Kutsal güzelin eline verilmişti zafer
Gündüz ve gece kalp ağrılarından
Ölümsüz Tanrının dili olmuştu sinir

İnsanlara özel bir şans verilmişti
Kutsal davaları adına savaşmak, kutlamak için
Hiç kimse söylememişti hangi yolun
seçileceğini
Vicdanlı olmaya pek az rastlanırdı her zaman
En yufka yürekli muzaffer komutanlar acı
içindeydi
Askerlerinin dibi olmayan anılarını avutmak
için

ÖZGÜN BİR ODAĞA SIĞINMA

Eirini için

Zavallı ben, özgün bir odağa sığınmaktayım
Bir irisin yaprakları üzerinde ışıkları kırıyor bir
prizma
Ne de inanılmaz bir tutku bu biricik olan
Yumuşak kovalamacalar en şiddetli ıstırapları
atlatır
Güzel sözler ve hareketler uymaz çok acı bir
duruma
Manzaralı yollar nostaljik anılara götürür
Senin zevklerine uyabilir benim körpe aklım

Zavallı ben, odağımı geliştirmek istiyorum
ama
Kalplerimizin varoluşu için içten bir yaklaşım
gerekli
Şimdi durum herkesin tahmininin ötesinde
Kavuşmak ne kadar mümkün olabilir ki
Sen ve ben sağduyumuzu yitirebiliriz çok
geçmeden
Kaybolabiliriz bilinmeyen ve test edilmemiş
bir evrende
Senin çılgın hareketlerin hitap edebilir
duyularıma

Evet, ben zavallı, kalbinde çoklu odaklar
bulundururum

Zaman çarkı durmaz hiçbir şekilde, asla ve
kat'a
Zorunluluktur sığınılacak yeri ve odağı
bulmada ince ayar yapma…

ADALARIN İKİZ PRENSESLERİ

Canavarların ve eski kültlerin zamanından bir
hoş esinti
Yok etmek, kesip biçmek için barbarca açılığı
bir egonun
En sıcak şefkatin inceden inceye düzeni ile
karışan
Felsefe ve insanlık en kötüye karşı koymada
çıktı ortaya
Tenlerinin ve içlerinin güzelliği, kalplerinin
ritmi
"Burada kimse yabancı değildir!" dediler ikiz
prensesler
Adalılar kabul etti ve bağırlarına bastı onları
hemen

Hem barış hem de savaş işaretleri
yerleştirilmişti
İki tanrıçaya benzer bedene saygı
gösteriliyordu hep birden
Onlar zor zamanların yol göstericileriydi
Kesin olan, bir başka kahramanlık öyküsü
örülmekteydi
İkizler başladı uygulamaya kurallarını ve
bilgeliklerini
Onlar için artık duyguların peşinden gitmenin
sonu gelmişti
Aşk ve keyif almanın zamanı da değildi
Bu destansı öyküde yoktu kurban edilen

Yaşam ikizlere talihin cilvesini iyilikle verdi
Kurdeleler ve göğüsler güneşte sallanıyordu
bir bütün halinde
Onların varlığında zamana meydan okuyan
yumuşak ipeğe ulaşmak için
Atılacak adımlar gerçekten de hiç yorucu
değildi
Derinliklerin olduğu yığınlara dalıp giderken
Gizemli bir bakış yol gösterebilirdi belki

Şövalye birliklerindeki herkes etkilenmişti
Bu doğaüstü çekiciliği delicesine sevdi
Bu ister onların düşü isterse sıradan bir
gerçeklik olsa da
Geride kalan geçmişin işiydi
Ebediyen ya da bazen çağrı yapılsa da onlara
İkizlere benzer alacakaranlık sınavı burada
Hemen sundu nostaljisini bekleyen o adamlara

Kim garip işlerden etkilenmez ki
Savaşın ya da aşkın yaralarının bedelinden
O adalıların gizemli prensesleri
Hiç ölmeme kararlılığıyla hareket etmişlerdi...

KEŞKE RÜYALARIMIZ DÜNYAYI DEĞİŞTİRSE

Uzanıyor büyülü parmaklar
Dosdoğru gökçe tepelere
Kutsal bir dünyanın sanatçıları ise
Akropolis'in duruyor üstünde

Müzisyenler arasında akıyor duygular
Kültür kumaşı dokunuyor işte
Sağduyu çıkmış sahneye
Adalılar tutunmuşlar şen esinlere

Pek çok öykü çıkabilir buradan
Dünün efsanelerinden
Rodos şövalyeleri yönetebilir yeniden
Bugünün en has kutlamasını görmek için

Burada olmaktan mutluyuz diyoruz
Bize gösterilen en güzel saygılar
Arplar, piyanolar muhteşemdir
Ve güzel sesler girmiştir birbirine

BARIŞ VE AŞK

Eirini için

Eskiden olduğu gibi şimdi de el ele
Yüzyıllar geçti tanık olarak yapılan her şeye
İster kahramanca isterse de sıradan eylemlere
Pek çoğu zamanın uçurumlarına kayıp gitti
Efsaneler Şeytandan bahsediyor durmadan
Şövalye davranışları unutulmamıştır
Barış dönemleri de öyle
Aşk sağ çıktı felaketlerden
Erini'lerin (barışların) yaşamı boşuna değildi

Kutsal tapınağın büyücüleri
Uzun zaman önce yok olmuş tarikatın kuralları
ve
Gurur kibir kralına sadakat ne kadar şahaneydi
Ama önemli olan yine de bu değildi

Olgun dostların ihmalleri
Gökçe adımlar ulaştı yerine
Aşağıda uçtu yiğitçe haleler
Kucakla çağrısı yapılmıştı gece
Eirini böldü iç zarafetini
Eşikler kondu aşmak için
Düşlerin tepesine çıkma gibi
Senin ve benim her yanımız ter içindeydi

Kilitli bir kapıydı söz konusu olan
Anahtarı karanlık bir göle fırlatılmıştı besbelli

Bir köşede mucizeler bekleniyordu
Kurtarıcı olacak kişi kimdi
Yüzyıllardır eski kilitlenme için
Memlekette kimse gelip cesaret
göstermemişti...

DOKUNAN DÜŞÜNCELER

Eirini için

Çayır çimenler, düşüncelerin en yumuşak
yapraklarına
Dokunan rüzgârları okşar
Cennetin meyveleri içlerindeki çekirdekleri
saçar ufuklar boyunca
En çılgın arzunun fırıl fırıl dönen kasırgaları
baharlarını yeşertir
Sükûnet evleri, bugüne kadarki en çok istenen
hareketlere kafa yorar

İhtirasın güçlü zehri en çılgın düzenlemelere
yol açar
Sözünün geçtiği her yerde, hatta kişilerde bile
Formüller bulunur en karmaşık soruları
çözmede
En iyi yol için, bırak her şeyi, nasılsa öyle
olsun denebilir

Bir anlaşma yapmak için bir cennet kurmada
bırak ben yapayım gerekeni
Senin muazzam bir gücün ve bunu yapacak
direncin var
Saçların, yüreğin ve cildin ruhuma dokunuyor
Düşüncelerin nerede göster bana, okşayalım
onları seninle birlikte...

PERİLİ RUHLAR

Gecelerin gölgeleri gizlilik yemini etmiş
Özel bir öykünün kanıtını vermeyeceklermiş
Medyum kişiler ve düşünceler oynadılar
benimle
Pek çok kişinin hiç görmeyeceği şekilde
Kötülerin dünyasını ele geçirmek istemiştim
Onların ilgileri uymamıştı benim günceme
Yaşam yolundaki yürüyüşü bir canavar kesmiş
Bu bizi bir belirsizlik alanına kaydırıvermişti

Ruhlarımızda yaratılan fetişler biraz daha yol
almıştır
Çirkin hazineler birçok kişi için tam da bam
teline basıyor
Gizem duruyor bugüne kadar çözülmeden
Ozanlar garip bir aşkı anlatmaya alışmışlar
Kozmik bir öneme sahip ruhsal özgürlükler
Gözyaşlarının üzerine çıkarabilir seni
Adsız kişiler muhteşem işler başarmıştır
Dumanlı dağlar ve hızlı esen rüzgârlar
şaşırtmıştır nicelerini

Çin moru ve Mısır mavisi bir kat boyamıştır
Toz, unutulmuş askerleri ve samurayları
kaplamıştır
Sonuçta her şey harika bir deneyim değil mi
Firavunlar ve Hanlar döneminden gelen

Perili öyküler ölümsüzleştirir onları sihirle
Bugüne kadar kimsenin yenemediği bir
Mücadelede

Perili ruhlar, baştan sona kadar acı çeker…

ŞİFALI TÖRENLER

Kutsal bir töreni ve onun görüntülerini
masum bir yürekte
Var olan bir boyuta girerek açıklamak en
iyisidir
Bu, bir ritmik deneyim yaşamak anlamında
değildir
Görsel algılar birçok cephenin kapısını
aralamaktadır

Sözcüklerin iyi bir sıralaması, bir şifa seansının
parçasıdır
Vicdanımızın bir kolu geleceğin yolunu
gösterir bize
İçimizde derinlerde yatan bir potansiyel
unutulmamıştır
Yanılsama her şeyi göründüğü gibi
büründürür bulanık bir renge

Eğer yeterince yol alınırsa, büyük tarih pek
çok töreni gösterir
Bazı düşünceler, dünün iyi hareketlerinin
bozar dengesini
Beynimize güç veren şey doğru yerini bulur
Bedenlerimizin değişmiş kimyası ve ruhlarımız
verir tepkisini

Modern bir çağ, karmaşık belirsizlik karışımını
şart koşar
Şifalı törenler üretim yapar zihinleri açan
anlam için
Uyumlu hareketler nereye gittiğimizi gösterir
bize
Çıplak gerçeklik, terk edilemeyen cephenin en
ön safına koyar

Kendimiz gibi olmalıyız, şifalı törenlere
ihtiyacımız var...

İLİKLERİME KADAR ÜŞÜDÜM

Gerçekten
İliklerime kadar üşüdüm
Çünkü sen bana boş beklentiler verdin
Gece ve gündüz arasında salınıyordum
O çok değerli anıların kıyılarında
Bir şeyleri görmek için ender bakışlardan birisi
olurdu
Gökyüzünde

Antenlerin rahat
Onlar yalnızca belirsiz bir görüntüyü yakalar
Şiddetli rüzgârlar sefalet memleketinde can
bulabilir
Sihirbazlar değneklerini tavşanları üretmek ve
beslemek için sallar

Aslında
Şimdi ben tetikte birisiyim
Sıra dışı gerçekten
Bir çukura düşmek istemiyorum
Güzel bir davranışla her şey olabilir
Bunu unutmanın iyiliğine olacağını
düşünebilirsin

İliklerine kadar üşümek
Bir olasılık
Alevler içinde yanarken

Tarihte bu hep böyle olmuşken
Bu bir adamın ya da seven bir çiftin başına
gelsin…

ÖZGÜRLEŞTİK

Ruhumda kesin, kaçınılmaz bir ilkel sızı var
Hissetmek istediğim kendi özüm için bir
özlem
Yüksek katların kuşları tepelerin üstünde
Özgürleşip özgürleşmeyeceklerine bakıyorum
Ve emin olmayı onların her zaman en iyiyi
başaracaklarından
Güneş banyosu yapıyorlar o kadar doğal bir
halde
Oradaki en yaratıcı güç acep nedir
Her şeyi döndürüp bir ekseni tutmak mıdır?

Bu muazzam bir bilinmezlik ve hem de bir
mucize
Ruhlarımız sakin ve pek çok kaygıyı gidermede
Ne olursa olsun hazır her şeyi selamlamaya ve
kabule
Hisleri uyandırmakla baş etmek zor olabilir
Sevecenliğin pek çok örneği vardır
En barbarca davranışların yanı başında hem de
Yaşamın anlamı arayışı sürüp gidecektir
Hiç bir şey insanlığa bundan daha fazla anlam
katmayacaktır

Kolumuz kanadımız kırılsın istemeyiz
Söyleyebilmek istediğimiz
Özgürleştiğimizdir…

AY IŞIĞI

Harika bir yer bulmuştu zavallı adam geceyi
geçireceği
Eli uzandı, ay ışığının ışınlarını yakalamak için
Ayın uzak yıldızlardan bir ipucu göndereceği
aklından geçti
Bu kötü durumuna çare bulmada engel
olamazdı ona kimse
Ay ışığı çıkmıştı çatıların üstünde bir yerlere

Bu öykü çıkmadı bir hayal dünyasından
Manitu ya da ruhlar tarafından o yoksul
seçilmemişti
Epilepsi nöbetleri denk geliyor destancı
yolculuklara
Bilgelerin öğütleri yetersiz kalınca
Öylesine birdenbire sessiz bir konuşma
ölüvermişti

İnanıyordu bazı güçlerin onu esir aldığına
İnsanların bildiği olanaklardan habersizdi
Sözlü gelenek bir çıkış yolu olduğunu söyler
Bir başka dünyaya, daha üstün olana
Neler olacağını bekle ve gör denir

Ay ışığı zaman uygun olunca gökte ziyaret
eder
İyicil bir çekim hareketini sürdürür durur
Bir panzehir de vardır mutluluk için

Ne zaman bir çaresiz yalvarsa onun için
Yaşlı ay, ışığını gönderir

El altından...

HAREKETSİZLİĞİM

Bütün olasılıklara karşın bir başarısızlık
olduğumu kanıtladım
Yaşamın acımasız unsurları beni kalpsiz bir
canavara dönüştürmedi
Delikanlılığımı geride bırakırken bir kere cin
şişeden çıktığında
Yaşamın gerçek işaretlerini yakalamak için çok
hırslandım
Tamamen şaşkına dönebileceğimi
düşündüğüm anlar oldu elbette
Uğursuz bir saldırıya karşılık verme anlarıyla
gözlerim kamaştığında
Yüce güçler bunu bir tehdide dönüştüren
yöntemleri kullandılar
İyi yetişmiş birisi olarak bilinme konusunda
sıkıntılarım olabilir
Vicdanımı terk eden bir başarıyı yakalamak
için coşkuyu yitirdim
En büyük utancımla ruh halimi
düzenleyemiyorum
Direnme duygularım artıyor ama umutsuzluk
da öyle
Son savunma hattı geçildi yabancı olmayan
güçler tarafından

Esinlenen düşünceler, hareketsiz zayıflıktan
dolayı kaybolup gitti
Görülmeyen baskı altında ezilerek sakatlandım

Şafak vakti kötücül eylemlerin birikmiş borcu
çıkıyor önüme yeniden
Garipten acayibe giderken ufuk bulanıklaşıyor
Açık gözler insanlığın keşfini yapabilirdi oysa

Bilgelik şaman ruhlar tarafından saygı
görüyordu bir zamanlar
Çözülmemiş suçlar sorusu hala yanıtsız
bekliyor
Pişmanlık duymayan bir yaratık olarak
anlamaya çalışıyorum
Şimdi harekete geçmişe benziyor
hareketsizliğim
Ortadan yeni kaybolmuş kayıtları geri almak
için…

BİR ŞEYLERİ ARARKEN

Oyun değiştiren birisi olmak istemedim
Canım, ben yalnızca canlı olduğumu
hissetmeyi diledim
Öyle ki bir şeylere rastlıyordum
Ben değildim yas tutanlar listesine konan

Perişanlığımız hızla gelişti
Kaç boyutta yaşamlar gelişir
Sen bana ruh ikizi olarak yakındın
Lütfen biraz dur düşün, ne oldu bize

Seni ebedi susuzluğu gidermeye davet
ediyorum
O bambaşka cennet bahçesi bozulmamış
duruyor
Hazır ol, açıklanması zor bir şeyleri anlamak
için
Orada düşlerimizin şenliğini yaşayabiliriz hiç
bitmeden

Bu, görkemli bir dağa tırmanma gibiydi
Ruh halimiz bizi, umut tepelerine yükseltti
Gizli kalan hiç bir şey yoktu sözler arasında
Çağlar yankılandı ozanların sonu olmayan
söylemleriyle

Hazineni bulman kesin bir şey değildir
Her gerçek adımda bir büyü vardır

Bir şeyleri elde etmek için, kendin olmak
zorundasın en sonunda...

HAREKET HALİNDEYKEN

İşe yaramayacak
Devam etmeyecek
Olmayacak
Gün doğumundan gün batımına
Dünyayı kim kurtaracak?
Kendi hapishanenden kaçabilecek misin?
Ya da senin eylemin için kim canını ortaya
koyacak?

Bu bir çağrı, sevgili dostlarımız için
Yüklenmiş ezeli gerçeği arayan kilit sorular
Herhangi bir serüvenin karanlık tarafları
keşfedilmeyi bekliyor
Bu ikilem yepyeni bir çeşit sınavı getiriyor
Bazıları şaşkın bir halde başlarını kaşıyor
Dünyanın vicdan askerleri umutsuzca yürüyor
Bu işe yarayacak mı, ne dersin?

Birçok kuş toplanmış, göç eden insanların
toprağında
Bir şaşkınlık zamanını ve derin fay hattını
haber veriyor
Zehirli bir silahın neden olduğu yaralardan
ölebilirsiniz
Kendi ruhunuzun vahşi cinayetinin geçerli
olduğu anlaşılıyor
Öyleyse söyleyin bana, kim hareket halindedir?

ZAMANLA

Zamanın büyük çapta aşındırıcı gücüyle
Koparılan umutlar tuzla buz olacak
Hiçbir şeyin olmadığı yerde hiçbir şey aynı
olmayacak
Dağılan tanışmalar girecek uğursuz bir
döneme

Herkesin bir şeyler söyleyeceği bir öyküsü var
Şimdi artık onlar da kaçmanın tadını alacak
Göçmen kuşlar artık onlarla solan gökte
buluşur
Ve yaralar zaman geçtikçe iyileşecek

Kanıtlar âşıkların çarpıştığı yeri gösterecek
Bu ancak ikili bir insan başarısızlığı olabilir
Zamanı durduramaz en iyi düzen bile
O süper değil ama ılımlı bir şekilde geçer

Lütfen yardımıma gelmeyi düşün
Boğuşuyorum kendimle ve yaptıklarımla
Acil sorular net bir yanıt bekler
Bu hareket de başarısız olabilir kolaylıkla

Zamanlar bizden izin almadan yörüngesini
belirler
Bitmek bilmeyen analizler bir sona gelir
Geride bıraktığı bir zaman makinesidir...

KÂĞIT İNCELİĞİNDE DÜŞ

Açıklanabilir sözcüklerde
Yeni başlıyorduk keşfetmeye
Hepten farklı bir şeylerle
İfade edilmemiş korkuların iştahının modası
geçti
Bu en yıkıcı doğru bir hareketti
Yansımasında muhteşem bir ruh yolculuğunun
Bu mucizevi yolculuk için bir mecaz
Bu saçma taşlamanın maskesinin arkasında
olan
Bu, o uğursuz karabasana yeri göğü inleten
tepki değil midir?
Güzel davranışlar için insanlık tepe taklak
Merhamet umutsuzca yitirilmiş ve şimdi kanlar
içinde
Ama her durumda, siz unutulmadınız…

PERİLER VE ZAMAN

Her zaman bir peri dolaşır tepelerde
En tepelerde, düşlerin peşinde hem de
Bilinmez masalları büyülerler
Bugünün nefesiyle
Yerlerine kim geçmek istemez ki
Her birisi, her nesne ve de vesvese
Yerinde sayar gibi görünür belki de

Yürekleri bir başka atar gökkuşağını geçince
Kimlere kanat olmuştur
Perice duyguların girmediği yerlerdeki
Yetimlere yetişmiştir binlerce kere
Yürümeyen atlar kalır bir köşede
Toynaklar çatlar, bereketle toprak sulanır
Yeşermiştir gönül bahçesinde insanlar

Fidanlar boyanır yemyeşile
Kırbaçlamak gerekmez duyguları birden bire
Zaten süzülür gelir yeniden o güzelim yüze
Kan fışkırır yanaklardan dökülür tertemiz
mendile
Yaşlar bir inci olur
Karışır sevince

Ve hüzün kapısı kapanır bir gecede

Sonrası, ne olacağı, ne biteceği
Ölümsüz bir BİLMECE....

ALARM ZİLLERİNİ ÇALDIRMAK

Dikkatli bakan gözler yakaladı bir gurur
işaretini
Kuşkulu bir boşluğu da görüverdi
Yaşam boyu yol gösterici olduğuna inandıkları
o simge
Varlıklar sorguya girmişti

Olağanüstü bir farkındalık gerekli
Senin son testlerinin hazırlandığı için
Birçok neden durumu koydu ortaya
Bu noktada elindeki her şeyi kaybetmek ister
misin

Kalbimizin yaralarının dökülmesi beklenmez
ortaya
Senin uyanıklığını takdir ederim her koşul
altında
Birçok sır bozulmadan duruyor
Sen yaşamdaki dirençli maceraperestliğini
kanıtlamışsındır

İnanırım öne çıkacak cesur kişiler olduğuna
Dördüncü boyutta bir saat çalışmak için hazır
Zamanın bekçilerinin ve uygunluğun bir gücü
var
Alarm zillerini hep birlikte çalmaya…

OLAĞANÜSTÜ MANZARA

O hayaller nereye gitti acaba
Bazıları yaklaşıyordu gürültülü bir ıslığın
sınırına
Aşkta romantiklik ile plastiklik hakkındaki bir
tartışmada
Sıkı bir kaygım kapladı manzaranın güzelliğini
Kimya oyunumuzda katkıda bulunan madde
hangisiydi?
Akıllar ve gönüller sıra bize geldiğinde hep bir
karmaşa içindeydi
O kadar zor ki, duramıyoruz düz bir çizgide
bile

Merak ediyorum geleceğimin nerede
şekillendiğini ve hatta değiştirildiğini
Hoş gözler şiirimle flört ediyor ve uyandırıyor
düşünceleri
Her durumda kaçırılmayacak ender fırsatlar
var
En iyi düşünceler ellerimizle tutulmayı
bekliyor
Saf aşk, her türlü kavrayışın ötesine gidiyor
Burada kader karmaşıklığını gösteriyor ve
anlaşılan çok ilerde kendisi
Tanrıların arabaları en kutsal teklif için
bekleyebilir

Bu, kimsenin bilmediği uzak geçmişten
söylenmemiş bir öyküdür
Soyut düşünce insan kalbinde çok güzel
tasarımları çeker kendisine
Gönüllerin dünyaları arasında muhteşem
bağlantılar vardır
Bedenler ateşi ve neyin sıra dışı olduğunu
hisseder
Her zaman bazı tatlı karşılaştırmaların
yaşanması olasıdır
Ruhunda kahramanını hayal etmek için bir kez
daha dene
Her tür zorlukla karşılaşma, düzel bir olasılık
armağan eder…

BİRDENBİRE VE BEKLENMEDİK BİR ŞEKİLDE

Dünyanın en acil bilmecesini çözmek intihara
kalkışmak gibi
Bu gizemde kimin suçlu olduğu bir kere
anlaşıldığında
En acımasız taraftarlar ne olduğunu anlayamaz
orada
Merak edilen yerlerle dürüstlük arasındaki
seyahatlerin etkileşimi
Serbest olma ve amaçsızca dolaşma işin en
büyük yükünü kaldırır
Masumiyet ve günah, adaletsizlik ve sabırsızlık
ülkesini yönetir

Ölümsüz ve sıradan olan konusunda her
zaman bir büyük tartışma sürer
Terk edilmiş aşkların kapsamlı analizleri
iyileştirmez kimseyi
İnsan dürüstlüğü zamanın ve uzayın gerçek
haritasını hesaba katmaz
Her türlü garip şeyler ve olaylar yok edemez
karanlık maddeyi
Önerilenler ve amaçlar birleşmez ve
melezlenmez
Yaşam ve ölüm, büyük bir tufanın basit bir
öyküsünde boşlukta belirir

Efsanevi bir yolculuğun son durağına ve
kaderine ulaşmasından hemen sonra

114

Bir şeyler ortaya çıkar ve değişir tüm oyun

Barış ve irade gücü delebilir
Sağır kulakları ve en soğuk kalbi
Birdenbire ve beklenmedik bir şekilde…

SEMBOLİZM

Alanda olan biten yanında çok büyük bir
komplo yaşanmaktadır
Hiç bitmeyen bir bilmece, öngörülmeyen
bir düzenleme içindedir
Bazı görüşler, zaten yenik düşmüş tezlere
karşıdır şiddetle
Dev bir parodinin merkezindeki büyükbaşlar
keyifle geçiş yapar
Bebeklerin kendilerini şaşırttıkları gibi
tamamen hayretler içindedir
Bir ölümcül hizalamanın kalıpları,
olağanüstü isabet rastlantılarıyla oluşur
Herhangi bir zamanda aydınlatılmış bir
geleceği işaret eden tahminler

Gönül gücüne inananlar, bir sorun görüyor
olguları açıklarken
Aşkın samanyolu yıldızlarında beklediğini
düşünmek için
yoktur bir neden
Görülmez ışıklar ruhtaki yansımalar evini deler
geçer
Şimdiden yıkılmış en iyi dilekleri ve umutları
ziyaret etmeliyiz yeniden
Ateşli bir tutkunun susuzluğundan gerçek
niyetleri korumada
Yenilgiye uğramamak için
"Ben tamamen bir ikinci şansım"
sloganın olabilir

Eğer yeniden geri gelmek istiyorsak, hazır ol
bir yıldırımsavar olmaya

BİR DAKİKANIZI AYIRIN LÜTFEN

Küçük dozda sıkılmalar gelir gider zaman
zaman
Büyük bir iyilik çıkar haksızlığa karşı hislerin
boşluğundan
Hiç kimse hiç bir milletin zenginliğini talan
etmemelidir
Kalpler birbirine tutunmak için elini uzatır ve
atmaktan keyif alır
Şimdi her zamandan daha çok kapandayız
kaderin arka bahçesinde
Sonbaharın soluk sarı yaprakları tereddüt
içinde kopup gitmek için
En sevgili bağlandıklarını üzmemek en büyük
arzuları onların
Kelimenin tam anlamıyla düşünceleri uçup
gidecek bir an içinde

Onlara veda edenlere katılmak için ya bir
dakikanızı ayıracaksınız
Onların ölen toplumun düşüşünün ölmeyen
sevgisini paylaşırken
Ya da inatçı bir sorumluluk haline geleceksiniz
bir başka biçimde

Bu yüzden, kafa karıştıran soru bekliyor
gölgede
Bu bir insani hata değil, mekanik arıza da
Çetin yanıtlar verilsin isteniyor bu dünyada

Gerçi herkes için son durak kıpırdamadan
duruyor yerinde
Sonunda, öykümüzün izini kaybetmemeniz
gerekiyor…

BİRLEŞEN BİRÇOK TUTKU

İnsan karakterinin en önemli sorusu,
soğuk esintili bir günün şafağında çıkıverir
ortaya birden
Bütün tarifi zor-gizli güdüleri ve derin tutkulu
duyguları
göz ardı etmek zorunda kalırsınız
Cennetten düşme ve en çok istenen arzulardan
gelen
salıverilmelerden kaçınmak için
Onlar o denli güçlüdür ki dünyayı sarsar
yerinden
ve her defasında herkes şaşar kalır

Cehennemin dört atlısı
başlangıcın ve sonun her şeyini ele geçirmeye
çalışır
Paralel yaşamlardaki basit ruhlar içgüdüleriyle
sıradan tatminleri için çabalar

Saniyeler içinde gelecek kuşakların rahminde
yeni bir tohumun yaratıcısı oluverirsiniz
Öteki dünyanın kötüleriyle savaşacak yüreğiniz
varsa,
bu evrende bulunur tam eşleriniz
Büyük engeller yolunuzun üstündeyken kimse
kalkmaz
bütün savaşların anasını durdurmaya
Son savaşlar, kaçak dalgın beyinlerin çalınmış
vizyonlarının
gerçek halini gözler önüne serer

Aniden mucizeler olurken sözlerin anlamı
sözcük sözcük değil, imgeleriyle yaşar
Öngörülen zaferin kendisini bir yenilginin
eşiğinde
gösterip göstermemesi önemli değildir
Evrimden bir kaçışı tetikleyen bir tepkiye
saygı duyulacak bir şekilde karşıdır
Kalplerde yazılı göze çarpan ve
yücelen kayıtların gücünü vurgulamak
zorundadır

Lütfen anahtarı al ve onu ver herkese!
Gammaz kanıtlar konuşur bizim adımıza
Önleyen ve çatışan duygular ve düşünceler
Ne olacağını öngörmek için zaman çok erken

En güçlü senaryo yaratır
Böylesine dik bir yoldan aşağıya doğru
Birçok birleşen tutku
Kendi ayrı yollarına gider…

OLMASINI BEKLEMEK

Yalnızca sen ve ben değiliz zor olan
Manzara güçsüzleştiriyor bizi böyle
Belli olmaz ne zaman gelip gittiği
Sarı ışıklı ufuk kararmada
Dolunay ışıkları ise her tarafı kaplamada

Doğa birbirine karışmış yaşamların üretiyor
garip seslerini
Düşsel öykülerin baykuşları konuşuyor kendi
dillerinde
Tutkulu dokunuşlar özlenmiş uzaktan da olsa
Umutsuzluk silinip atılacak bir şey değil
herhalde
Vicdan muhasebesi yapma yolculuğu göz ardı
edilemez elbette
Şart koşabilir onu en sıradan durumlar bile
Talihiniz henüz kapanmadı burada
Yaşanacak çok serüven var sırada
Yaşanması beklenen
Barış ya da savaş, olmak ya da olmamak bir de

Sen ve ben anlaşılan en önemli konu olduk
şimdi...

SINAIA'NIN ROMANI

efsaneler der ki karanlıklar hüküm sürerdi bir
zamanlar
dolanırdı kötülüğün ejderhaları vadileri ve
onun nehirlerini
gözyaşlarına boğulanlar sel olup giderken
korku basardı herkesi
yine de çoğalarak gelen bir umut vardı yürekler
kadar
sınırların belirsizleştiği ormanın ufkundan göz
kırpan
Sinaia'nın çocuklarının düşünceleri birleşti
ak sakallılar heves dolu insanlara yol
gösterirken

ejderhalara karşı koymaya hazırdılar
gece ve gündüz düşlerinde bile çalıştılar
aslan yürekleriyle kaptılar kasabanın siperlerini
gerili tenlerinin üstündeki kana karışmıştı su
tanecikleri
bu böyle akla havsalaya sığan bir savaş
olamazdı
asla tamamlanmamış bir görevin düş kırıklığı
izleri vardı
bakışlarında o yüce ruhların haykırışları
kayıplar dünyasına karışıyordu ara ara

hem uyanık olmanın hem de düşü yaşamanın
tam zamanı
bu an onu tam olarak yaşamanız ne mümkün

araya bir şeyleri koyunca Sinaia'nın özgün
romanının yazılması gerekiyor
göz yaşlarını siliyor umutsuzluğun ortasında
gönüllüler
insanın en büyük sermayesi yatıyor yüreklerde
ve akıllarda
Sinaia'nın yazarları farkında olanın bitenin
ve başlamış akmaya Sinaia romanı
beyaz bir kağıt üstünden